T0104911

Word Search

Richard Littwin

Order this book online at www.trafford.com
or email orders@trafford.com

Most Trafford titles are also available at major online book retailers.

Print information available on the last page.

ISBN: 978-1-4669-7314-5 (sc)
ISBN: 978-1-4669-7313-8 (e)

Trafford rev. 08/27/2015

 www.trafford.com

North America & international
toll-free: 1 888 232 4444 (USA & Canada)
fax: 812 355 4082

1. TRAVELIN MAN

```
D E J T G W A Z T U N W A P S
H M C 2 N P T U E X R C I Z E
X 4 H P I 4 E F R D 2 M 4 A L
B O N H S F O K S D U G T 2 A
R 2 O T 2 T U Y J D R D X R M
N H T W V F W S E 8 E E P 4 S
I P G 8 L R R E L H I N M U U
Z S E 4 M D R E O 2 R 8 O N Z
E 4 U Y Y F G U E N U I A G P
F 1 K R U S J 2 O 4 I 2 T R B
2 Y T E F A H T T F 1 B N E O
S E L 8 Z S 4 O O T D C M D N
W 4 R L O 2 H G U N P I H A V
U G V H A U N 4 B A Y 4 A F B
D R E B T P E 1 L F U O R P D
```

AWNUTZ	LV2SING
BAMBINO	OYNOT
BGONE	PAIDFOU
BRNIZE	PRNCPAL
CHNOTGE	SKOFSHN
EXRCIZE	TUHOT4U
FREEDUM	URDREMN
FUEL4U	USMALE
GR8LEGS	WETRYDR
H2O4ME	WRMYKYS
I4GOT	YEHRITE
ISURFSH	ZUPDUDE
JAZLVR	2FREE41

2. SNOOZE U LOSE

```
S  3  D  F  O  2  P  W  E  F  2  H  D  U  T  G
R  E  X  H  B  H  E  4  C  C  D  4  H  K  2  D
N  2  V  A  3  S  N  L  8  H  A  S  N  R  X  S
F  H  D  I  N  X  A  D  A  P  T  L  8  B  O  F
M  4  G  W  8  G  R  W  Y  F  O  S  I  H  C  M
U  C  E  T  A  E  G  4  O  G  4  W  A  T  2  O
B  S  X  P  D  4  R  S  Y  U  A  P  R  P  A  U
O  3  D  Y  8  A  T  C  8  0  P  L  8  M  D  C
N  D  R  R  D  R  O  R  D  Y  G  N  P  O  A  N
S  Z  Y  Y  I  D  O  I  U  O  3  O  U  4  J  N
E  3  A  A  D  B  K  C  U  T  P  X  T  O  G  3
D  R  8  E  L  A  A  P  E  E  H  L  Y  T  X  B
O  G  N  4  V  A  2  D  L  D  3  L  E  A  O  P
T  D  2  U  D  M  X  A  4  N  I  G  I  E  D  H
S  T  L  B  E  A  L  3  D  F  C  L  M  S  Z  F
```

CATILAC   OPLEEZ

CRE8IVE   PAGAL

DABIRDS   POWRMAN

DPASTHC   RAYDAR

EZRYDER   RUTHLIS

HDHAWG   SEWNSEW

HNDYGAL   SNOBUM

HOTTOGO   SOHAPPY

IDECOR8   TKNLOGY

LALEPOP   UP2ME

LUVAKID   2BAD4U

NJOYLIF   3XALAYD

ODDENDS   SOFTSHU

3. FAST TAG, SLOW TAG

```
B  F  E  G  1  L  N  D  S  H  A  K  P  Q  T  L
I  L  H  D  4  F  H  L  Q  R  J  N  X  C  A  L
S  E  A  K  T  Y  C  E  D  1  U  8  B  P  S  E
O  N  D  8  R  O  O  B  A  4  S  U  M  L  V  W
W  G  E  C  B  J  4  A  W  T  2  A  T  D  I  H
B  N  N  A  L  B  M  B  A  U  B  I  4  E  A  H
G  E  U  V  K  O  O  U  Y  B  M  O  O  Z  G  O
A  E  F  8  E  R  Y  C  F  I  E  D  U  K  8  R
M  R  T  O  O  L  S  D  L  A  G  L  A  C  E  H
G  V  A  D  E  L  Y  T  4  U  S  O  O  K  D  G
E  4  T  R  O  V  D  A  1  E  2  B  G  E  Y  H
1  M  N  P  M  O  R  K  C  I  W  V  M  T  R  A
B  E  O  T  O  W  T  I  2  H  Y  4  U  2  Y  W
Q  K  C  W  R  A  T  T  X  O  T  O  M  L  M  P
E  8  O  V  L  O  B  E  C  G  E  D  H  F  Y  T
E  M  4  O  E  G  A  Z  D  F  J  K  R  A  8  M
```

BTTRDYS	MYLUV2U
CALGAL	MYRYDE
CLU2U	OBJOYFL
CUBABE	OHHWELL
EDUK8R	RV4ME
ENGNEER	SLOPOKE
GEO4ME	SNEAKRS
HADENUF	SQDAWAY
JUS2BME	TAKITEZ
LIMITLS	YACHTDR
MOWOOD	ZOOMBYU
MRTOOLS	14TRBL

4. AQUANUT

```
H  A  G  R  I  T  E  W  B  P  F  L  R  O  T
E  V  B  D  Y  N  L  O  O  T  N  A  C  U  R
R  F  A  T  R  1  O  U  R  D  E  U  H  A  D
O  C  L  A  D  Y  2  B  C  K  P  8  T  R  8
H  E  M  O  T  S  8  G  Y  N  S  I  B  E  F
S  B  A  B  Y  C  A  D  T  M  K  R  D  L  P
C  J  O  A  2  H  E  X  P  A  F  2  Y  A  O
D  G  R  A  Y  1  G  K  L  8  E  U  4  M  H
A  U  4  E  T  C  2  N  8  S  S  X  C  A  E
K  E  H  C  F  R  E  B  I  A  D  H  T  T  S
B  R  G  Y  8  T  A  N  H  D  O  T  E  H  I
T  C  F  O  I  8  O  T  G  O  R  8  G  N  W
8  8  F  R  H  E  B  A  X  I  M  K  8  R  A
H  E  O  Y  N  L  F  2  K  H  O  E  B  D  E
I  D  B  M  K  A  T  E  V  T  E  P  F  B  H
```

BABYCAD	OCUPNTX
BOATDR	PETVET
BOATRAT	PNUT
CHOOX2	RAYS2U
CSHORE	RDINGHY
DORITE	RATIKAL
FLYUSA	UCANTOO
HATTRIX	WISEHOP
MATHNRD	YEHRT
MYBONI	12BHOME
MYROYCE	2CTE4U
NEONISE	88FRBRD
OCLADY	

5. TALKINTAGS

```
C  E  M  U  L  T  C  Y  N  T  7  H  R  A  S
Y  I  R  F  R  U  F  H  E  O  M  O  Z  E  F
D  G  4  N  E  L  2  1  O  L  C  F  4  N  D
A  2  T  H  Y  M  T  M  G  K  L  D  U  I  E
D  J  I  B  L  H  A  R  I  1  N  A  M  F  K
G  M  A  1  E  I  4  N  7  C  E  H  V  O  C
B  L  P  Z  D  U  B  Z  O  R  O  B  2  W  O
L  2  I  O  Z  4  G  E  O  G  H  A  M  7  R
R  T  7  N  E  M  H  B  N  7  B  Y  O  N  C
M  O  H  D  P  T  A  U  1  A  F  B  R  O  S
T  O  I  E  2  U  F  N  D  L  M  4  H  T  D
7  F  M  1  R  S  T  A  Y  L  D  A  U  2  B
M  G  A  R  I  G  M  N  O  B  E  R  T  A  J
F  I  E  T  D  I  T  2  1  F  D  Z  S  O  H
U  B  I  M  A  N  H  A  P  Y  N  E  A  D  G
```

BGDADY	INPUT
BIGFOOT	ITISFUN
CROCKED	JAZZMAN
CUEHIM	LEDZEP
DAHBAYB	MYFLYNT
DRMOM	ROCKIN
FEMAN	ROZBUD
FLYBALL	RUABORE
GOTAMAN	STURDY
HUDLE	YELLAVW
IAMOO7	1BD4RNR
IMADABA	2THEOCN
IMHOGN	

6. LOOKING AND SEEING

```
Y B 6 O D S L E N 5 I 3 W I G
L D 2 5 T O T S 6 K G X 2 C S
V O A U V I O Y H 2 O S E Y 3
Z N G L E G M G U U K L Z X C
2 O I B A V T D S W T Z U O S
N T O L L X N A O I A O D C 2
E S 2 I L A 3 2 C J 6 C U R I
G I E Z E A H A 2 K S Z D T 6
L 2 O M D O X N 3 I A A 2 5 P
N H Z 6 Y 3 U R D 6 M L Y K 3
P A S Z 5 K R T T I S B B O 2
B F 2 T A R C M L 5 2 O A X Z
M A T S U J 2 U 6 A I J 2 I Z
K J M L X N I Y L C W 3 6 N K
L 2 B T 3 S U V U T B Z L D V
```

BBSITTR	LUCKYME
BLAHNDI	MEANDU2
BLAKCAT	NOGUTS
BLURRR	NUTSHL
CELTICA	OUTLAWZ
DISCDOC	PKBOICU
H2OWKS	SHUTOUT
ICULOKN	SOBEIT
IJAZZ2	VNILLA
ILVMY65	2JAZZY
IMADR2	3XALADY
JUSTAM	6ISGOOD
LOVLITE	

1. Tagin' & Bragin'

```
D  W  S  R  E  L  K  Y  N  I  B  A  R  M  N
L  U  C  A  S  N  I  O  U  G  N  U  O  S  A
1  A  O  3  L  G  T  I  L  R  A  9  S  M  L
U  B  2  R  E  1  R  A  G  F  E  F  1  I  P
4  I  A  T  P  O  D  N  S  L  H  W  N  L  R
B  O  N  N  B  A  G  E  C  A  S  Q  E  E
A  Y  P  M  O  E  4  Y  C  1  P  B  A  Y  P
A  R  A  1  M  W  U  K  3  K  O  M  E  C  B
S  N  P  O  C  O  I  J  B  2  Y  4  A  D  W
O  T  G  I  I  A  O  U  N  T  1  D  N  E  2
A  I  D  E  L  O  I  D  O  M  D  H  R  1  M
K  L  A  P  N  C  A  Y  Y  Y  A  E  T  P  K
H  T  L  B  U  Q  9  U  1  N  S  J  L  A  B
N  E  U  F  C  1  S  K  A  Q  R  9  B  E  M
D  G  C  A  T  S  O  L  U  R  K  1  N  I  O
```

AEIOUY	MATH123
BGLAD	MEANGRN
BPROUD	MOODY
CADDY1	MYTOY91
CASHFLO	PERPLAN
GETLIT	PKBUICU
IBJAMN	RLNWHLS
IGETNYA	RULOST
IRONMAN	SAAB4U
IWONAB1	SMILEY
JOONBUG	WERESQU
KCCHFS	1ENRGSR
K9CLIPR	

8. Say so on Tags

```
H  G  L  E  N  O  M  A  O  T  N  1  G  T  D  E  D
A  C  R  T  S  M  L  T  B  A  T  H  R  E  8  R  4
K  E  O  U  R  3  H  G  M  C  W  3  D  B  T  U  S
T  G  2  V  V  E  U  K  N  E  S  E  A  C  2  H  W
4  H  C  1  C  2  N  S  N  O  Y  F  S  V  U  A  S
O  R  B  R  Y  U  I  I  C  E  L  8  C  2  T  3  P
S  2  0  3  J  8  M  T  E  B  R  O  U  G  N  U  T
L  W  U  S  C  R  E  D  S  G  N  W  3  4  S  R  1
C  3  R  U  U  2  N  R  H  L  T  U  2  F  E  4  E
S  T  H  N  T  A  W  A  U  1  N  B  R  A  S  Y  8
C  M  2  S  K  8  2  S  M  A  T  U  T  H  R  P  R
F  L  I  L  R  B  E  L  N  V  S  F  2  R  T  D  G
F  8  R  U  3  F  8  N  2  8  I  E  W  3  P  N  W
U  G  T  H  A  S  E  V  C  S  H  T  U  R  O  M  O
T  N  O  N  2  U  Y  E  H  3  N  S  A  2  K  T  G
O  B  A  S  3  O  N  L  R  D  O  W  B  N  H  R  4
T  C  I  T  R  S  E  T  N  D  S  C  O  T  S  N  L
```

CLRH2O	NATIVMA
DEDEYE	ONTHRUN
DNTWRRY	REEFRSH
EATFISH	R3SUNS
FANAC	SHU2U
GRUV2IT	SURFSUP
GR8SCT	THECROW
JUNKMAN	TOTUFF
KANDEE	URMINE
LONGLO	WARPDR
LRN2SEW	1TFWRKR
MRVCR	4GOTN
NANNEU	

9. Tag you're it

```
P  H  R  O  S  O  I  G  O  L  F  2  G  E
E  L  A  E  N  C  C  X  B  2  I  F  A  L
R  H  L  D  I  T  Z  E  Y  P  C  O  F  L
Z  P  I  K  S  J  B  N  V  A  T  X  E  E
I  P  M  M  I  N  R  Z  T  H  S  E  Q  N
P  N  H  R  I  Y  A  D  E  2  A  S  T  S
P  A  T  U  V  G  T  R  Y  C  E  L  2  Z
I  E  A  Q  S  F  H  K  R  Q  L  B  K  O
T  A  M  S  T  E  R  T  U  H  C  I  T  D
Y  A  K  G  F  A  E  I  D  J  E  G  V  B
X  W  T  R  M  J  M  2  R  H  C  A  E  B
D  Y  H  N  2  T  A  C  R  P  U  S  R  L
G  I  A  B  L  W  E  L  O  B  O  H  M  N
O  D  J  S  Z  B  Y  D  N  E  W  H  O  P
B  O  U  N  C  U  2  F  V  O  I  B  N  X
S  J  U  L  E  S  N  E  Z  A  D  P  T  2
```

ADPT2
BEACHR2
BIGASH
BOUNCU2
CCNEAL
CZBRAT
DANMARK
DITZEY
EAOTHER
ELLENSZ
FCAT
HOBOL

IGOLF2
JULESN
OHWENDY
PHROSO
PHUSEE
RNIM
SUPRCAT
TAMSTER
VERMONT
2FOXES
IMIGHT

9

10. Up Tag on Tag

```
H  F  I  O  L  T  I  S  S  I  E  J  F  S
S  K  O  O  P  4  M  A  D  E  I  T  H  K
E  M  G  U  S  M  H  Y  D  L  2  E  O  T
K  F  A  E  L  Y  A  T  K  S  W  I  4  X
I  D  K  I  Y  S  P  U  K  O  D  M  P  Q
Y  G  U  H  T  E  I  D  L  O  Y  I  L  E
K  L  Y  C  T  L  S  F  K  E  2  M  B  J
F  E  B  N  I  F  O  F  N  S  X  I  A  L
P  F  Z  U  K  D  N  O  F  Q  R  M  D  S
U  R  Z  M  S  K  G  N  K  S  M  O  B  S
P  D  U  R  M  B  A  H  U  I  D  M  O  G
D  E  B  H  Q  M  A  I  N  4  N  U  Y  W
A  R  E  T  O  P  B  T  S  J  T  D  F  A
B  D  G  W  P  H  W  I  E  Z  H  O  K  D
1  H  A  Y  F  R  E  M  2  O  R  E  H  2
G  L  2  Y  M  M  A  J  Y  M  D  K  G  2
```

BADBOY	MSKITTY
BGONE	MUNCHIE
BUZZBYU	MYJAMMY
DRFELGD	OFFDUTY
HAPPY2	SHEWOLF
HERO2ME	SKOOP
IMHAPI	TISSIE
JAMMIN	YIKES
LAWOMAN	1BADPUP
LOOKIN	2DAWGS
MADEIT	2HOT4U
MIMIMI	4MYSELF
MOMUD	

11. Big tag little tag

```
X  G  D  J  T  E  S  I  E  K  I  B  N  O  2
J  X  H  Y  O  B  R  O  P  1  H  F  T  U  P
G  F  O  S  L  R  G  2  Y  M  U  R  H  K  O
G  H  D  F  H  R  H  F  K  G  S  O  J  G  L
S  R  E  T  A  W  H  O  E  H  L  F  D  S  I
O  G  F  S  E  C  H  G  M  D  J  G  Y  C  T
L  H  S  G  M  O  M  L  E  H  G  O  H  O  E
F  E  H  P  M  M  R  R  H  T  D  J  P  E  E
C  Z  P  H  I  E  H  F  O  D  G  Y  I  E  R
S  T  R  S  L  D  H  D  L  H  G  D  K  S  T
U  O  E  H  S  Y  H  O  I  J  G  J  Y  T  A
M  H  M  G  F  I  G  D  4  O  O  U  N  C  E
J  S  I  H  N  A  M  N  W  A  L  F  W  L  H
J  G  U  F  S  N  U  W  I  L  L  B  2  J  T
H  F  M  D  H  F  J  O  T  U  A  O  R  P  K
```

CAFOXX	PREMIUM
COMEDY	PROAUTO
ELMO	SCOPED
FUN4JG	SHOTZE
GRASS	SLIMME
HOLDER	THEATRE
ILOVEME	WATERS
LAWNMAN	WILLB2
MISSPEL	1PORBOY
MUSCFLO	2ONBIKE
MY2GRLS	2POLITE
OHOK	4OOUNCE
OLDTOYS	

12. Tag on high

```
J  T  O  L  L  E  H  2  L  A  E  D  G  I  B  H
H  E  C  P  Y  R  B  F  Y  W  U  E  T  E  K  O
E  R  B  K  U  A  I  G  R  J  W  Q  G  J  I  K
R  R  U  J  D  L  H  N  I  S  D  R  O  C  L  I
U  I  M  F  D  L  C  B  C  R  E  K  T  D  L  S
C  F  2  L  T  O  I  G  S  A  H  F  T  J  I  D
E  C  I  U  E  S  H  W  T  T  R  U  O  4  A  H
S  W  U  H  N  D  E  H  E  S  F  O  G  U  N  F
N  F  T  O  G  I  O  H  F  B  U  C  O  2  I  Y
U  2  W  H  T  E  H  F  C  H  2  I  D  L  T  O
F  1  H  F  Y  G  J  N  S  N  D  X  N  O  F  B
N  H  F  Y  U  O  D  A  V  Y  U  E  V  V  T  N
T  H  G  R  A  U  L  T  G  D  V  M  F  E  J  P
I  H  T  E  S  E  R  C  A  O  4  U  R  D  H  H
F  H  R  E  K  C  I  P  L  A  T  I  G  I  D  W
```

BIGDEAL	SECURE
BEGREAT	SDIEGO
DIGITAL	SNOW1
FITNFUN	STARS
GOTTOGO	TERRIFC
HELLO	WHPNBOY
KILLIAN	WILDLIF
LOVENLIF	2BAD
LYRICS	2BEWILD
MEXICO	2THEOCN
MUNCHES	40ACRES
OCBUM2	4U2LOVE
PICKER	

13. Have Tag will Travel

```
H  P  H  F  T  I  N  A  M  K  L  I  M  J  B
J  N  G  M  I  L  D  T  E  G  O  H  Z  U  S
G  U  D  S  R  V  I  R  J  L  H  E  D  I  N
P  T  F  B  H  K  D  A  D  I  P  M  S  T  O
1  S  U  T  A  K  N  T  K  L  A  J  S  Y  S
K  R  H  P  M  L  I  V  I  N  G  E  M  J  T
8  1  J  L  K  M  U  N  H  F  C  G  O  K  E
I  Y  E  A  R  U  4  Y  Z  A  R  C  K  R  J
R  S  H  Y  J  G  S  K  Z  U  8  K  I  L  O
N  T  H  O  B  D  R  E  K  N  M  J  N  D  R
U  R  F  F  O  S  T  A  H  A  I  K  H  M  V
R  E  K  G  B  R  W  J  I  S  N  U  K  T  O
D  S  K  Y  N  O  P  N  F  R  A  Q  R  E  L
A  S  C  H  L  E  I  S  K  W  Y  D  O  B  T
O  H  Y  F  J  A  K  M  G  F  C  X  T  E  A
R  T  1  A  C  8  J  A  A  A  A  Y  E  S  C
```

ABRUIN	PLAYOF
ANIM8R	PMLIVING
ASHES	PNUTSR1
BETMDLR	MAINIAC
BODYWKS	MILKMAN
BUDMAN	OLDTIMR
CRAZY4U	RIVRS
CATLOVR	ROADRUNR
EZACES	SEYAAAA
HATSOFF	SSMOKIN
HNDBAL	STRESS
JETSONS	WOLF1
PAKIT	ZEPLIN

14. Tag Magnum

```
S  B  C  V  S  T  R  M  N  A  T  R  G  A  S
L  E  L  T  L  U  V  L  V  B  8  O  M  T  E
I  I  V  U  R  G  U  L  S  C  D  F  Y  U  B
P  U  T  B  B  I  A  4  V  A  2  L  H  F  G
N  Y  O  L  8  Y  A  R  E  8  E  Y  C  E  T
O  N  C  A  L  4  U  S  A  4  K  G  P  N  8
T  E  D  4  E  A  N  2  U  V  8  I  T  U  R
2  V  O  N  D  U  D  L  P  4  U  R  S  F  G
M  R  C  K  2  W  R  T  J  2  Q  L  J  O  T
D  E  X  O  I  8  S  L  S  U  I  B  D  X  N
L  N  Y  P  T  V  E  R  I  P  S  D  8  Y  Y
A  F  B  S  T  Y  A  K  L  V  O  4  U  D  L
W  D  N  U  A  E  2  T  N  O  W  N  P  M  F
H  E  8  4  H  G  I  G  R  4  H  E  B  L  C
P  T  X  B  O  L  P  H  T  N  A  W  2  O  A
```

ATTI2DE	ONCAL4U
BLUBYU2	O2WANT
FLYGIRL	PENST8R
FLYNTGR	QUIK2GO
HEARS2U	ROODDOG
JSTPCHY	SEADOG
JUS4PLA	SLIPNOT
LITLLAD	STYLE4U
LITLPIL	TRMNATR
LTLUVLV	TUFENUF
LUVARAG	UNDRSEA
MDLAW	4USAIR
NEVRENF	SPOKN4

15. Tag Thoughts

```
E  G  A  T  G  M  J  H  E  T  L  N  F  L  W
R  C  O  2  M  O  A  E  J  M  O  2  I  A  H
S  L  I  U  V  P  D  U  S  M  B  V  B  E  Y
N  Q  S  V  C  L  S  I  E  U  E  2  C  Z  N
V  W  Q  M  D  F  V  E  S  W  S  I  S  G  O
A  U  P  X  I  A  R  U  Y  L  V  I  E  U  T
E  R  L  N  O  D  2  R  L  D  V  O  S  2  J
N  O  E  A  P  N  M  S  A  T  D  2  I  D  U
G  W  F  2  T  H  L  L  V  K  L  N  A  P  2
B  E  D  S  L  O  G  2  N  U  S  P  K  T  S
D  C  L  K  T  M  L  O  U  T  L  A  2  O  L
G  I  2  A  A  N  W  I  E  O  Y  D  T  H  K
E  H  S  I  P  H  N  P  O  2  S  R  O  M  N
S  O  R  N  I  2  S  C  H  Y  U  A  S  G  T
L  S  K  M  T  D  A  M  T  E  F  I  L  H  A
```

ADVICE	JUSFINE
AHLIFE	JUS2BME
AWSUMM	KNOWHIM
COOLPAD	LIVEWYR
DREERMON	LOTALUV
GEOD	LOTASOL
GODISLV	LTLUVLV
GODLUVS	NOXQQS
HAPCMPR	PRAY2HM
IAMGLAD	SHAKDWN
ILSTN2U	SOTRUE
INSTEP	ZEAL
JESUSIS	

16. Mouthful of Tags

```
B  B  H  F  I  T  W  A  R  E  H  T  I  A  G
K  E  2  K  D  1  P  W  4  Y  V  A  N  S  M
S  T  T  H  1  D  R  M  O  M  H  S  Z  G  O
E  H  E  H  A  R  T  2  M  A  B  L  O  T  M
I  W  R  H  M  K  E  L  L  I  E  B  2  S  K
N  R  R  D  X  H  T  L  L  S  U  R  U  1  I
O  E  Y  M  H  F  D  L  D  R  B  K  Y  D  N
M  H  4  R  N  J  S  H  F  Y  G  A  K  2  S
4  1  U  D  G  O  D  H  R  H  J  D  L  T  N
G  B  B  A  N  A  D  R  H  E  H  D  E  L  O
Y  J  A  N  F  H  E  H  E  K  R  P  F  D  S
L  H  B  O  F  T  K  D  F  L  H  J  D  S  L
H  G  E  V  X  I  P  Z  Q  E  E  L  B  K  L
S  J  F  E  T  A  U  S  N  D  K  H  D  O  I
A  D  A  N  P  F  H  E  W  R  J  H  C  A  B
```

ASHLY	HART2
BACHJR	KELLIEB
BETHM	MOMKINS
BETHW	MRDANO
BILLSON	MSNAVY
BOBJR	RUBY
CHELE	STEPHEN
DANP	TERRYB
DEEJAY1	1DRMOM
FAITH	2TERRY
FUZ	4MONIE
GAITHER	4UBABE
DONM	

11. Tangled Tags

```
E   X   H   F   S   H   A   R   P   N   A   M   E   K   I   B
B   F   R   L   1   T   U   P   N   I   G   R   J   G   V   S
L   H   G   A   F   J   L   U   D   N   1   T   U   F   O   K
C   J   T   S   Y   J   D   P   L   E   F   I   S   C   L   C
G   7   J   H   T   L   S   P   A   R   F   E   E   A   L   I
U   N   7   2   G   E   1   Y   G   S   J   S   C   B   Z   T
1   F   H   W   4   S   T   1   E   U   H   O   I   I   U   S
P   L   J   E   F   M   U   S   L   A   D   E   P   N   J   4
R   O   X   F   Z   U   F   O   L   R   E   S   S   E   R   D
I   D   O   S   W   O   J   L   I   E   T   R   Y   T   U   E
C   F   B   D   J   C   O   G   E   S   7   V   R   W   P   U
E   R   2   J   L   W   B   U   R   O   G   D   N   T   4   I
J   G   E   7   N   E   H   P   D   L   P   O   O   B   T   B
L   T   S   P   U   I   S   H   F   V   Y   R   M   L   2   A
H   A   U   O   L   D   H   I   L   E   U   I   H   E   W   O
```

BIKEMAN	OOZE
BTBOOP	O2BNVT
CABINET	POODLES
COUNSEL	PUPPY1
DOLPN7	RESOLVE
DRESSER	SHALLOW
FLASH2	SPICE
FSHARP	TRYTUE
ILLEGAL	USE2BOX
IMB4U	XRAY
INPUT	1PRICE
JUZ2LOV	1TUFJOB
MRTIES	4STICKS
NINERS	

18. Twisted Tags

```
H  D  K  9  6  T  E  A  R  S  K  F  H  N
S  J  F  G  W  H  4  C  H  A  N  F  J  T
T  H  F  D  I  G  3  J  F  T  O  7  O  E
E  7  H  S  M  S  S  U  Z  Y  1  H  Y  E
F  J  D  G  M  K  K  F  J  T  P  D  S  Z
N  3  S  S  I  R  C  H  A  K  F  3  G  T
E  H  D  Y  K  U  E  R  Y  B  B  I  L  O
Y  K  D  7  D  O  B  L  G  F  I  F  I  Y
O  G  S  D  Y  Y  F  O  L  P  F  A  R  H
H  O  L  H  E  E  L  4  T  E  A  3  N  U
U  E  R  H  L  U  F  G  O  T  N  H  E  7
1  H  A  N  L  S  G  C  H  E  H  S  H  M
B  E  C  T  O  J  I  M  S  S  N  O  Z  E
L  R  A  T  H  R  M  Y  J  V  H  J  E  O
M  R  M  I  Y  R  K  3  6  W  H  T  J  D
E  N  I  M  R  M  S  K  I  T  I  M  J  S
```

BECKS34	MSKITI
BRAT17	MSSUSY
CRIAA3	MYJOSH3
CUDDLE1	MYRICO
ELEENSZ	PETESVW
EZHENRI	RONROO
FABIAN7	STEFNEY
HEATHERS	SUEYOU
HOLLEY	TEEZTOY
JOYSGLI	4CHAN
KIMMIW	4LEE
LIBBY	96TEARS
MRMINE	

19. Tags O' plenty

```
C  R  Z  Y  H  O  G  S  R  L  D  A  P  I
A  E  S  Z  2  R  2  W  G  S  V  U  N  K
R  V  D  Y  W  I  N  A  F  W  U  S  I  S
R  H  I  D  H  O  I  B  D  H  T  O  N  2
P  H  F  R  G  L  S  B  H  E  F  U  F  E
E  F  Y  E  U  E  L  I  P  R  S  B  T  I
T  R  D  J  S  S  N  T  S  I  F  J  S  D
R  F  E  H  F  O  D  H  O  A  F  J  N  S
U  N  F  P  T  S  K  P  F  J  C  G  I  S
L  G  H  D  O  C  F  E  A  F  L  C  M  E
A  A  F  S  O  B  F  C  H  T  G  K  E  S
D  E  G  L  A  G  K  O  D  L  H  E  F  B
Y  D  T  I  K  L  G  C  H  F  I  W  T  O
G  A  D  H  T  D  P  K  F  H  G  B  A  H
M  A  N  M  A  D  E  S  S  E  N  C  E  Y
H  O  G  2  S  G  N  W  H  G  J  T  Y  I
```

AVIRUS	MATLOCK
BECCAS	OBSESSD
BOPER	ORIOLE
CARRPET	PADLERS
CRZYHOGS	PATHWAY
DIE2SKI	PECOCK
ESSENCE	POISUN
FEMINST	SPLASHN
INSTEP	SWABBIT
KIDFRSH	TRULADY
LAGIT	WNGS2GO
MANMADE	2ZSEA

20. Tags & brags

```
A  B  9  5  N  A  J  H  R  P  E  H  S  L
K  R  E  I  Z  Z  O  A  X  I  N  K  E  O
1  E  N  P  3  N  W  A  D  H  K  Q  O  O
E  N  X  Y  S  S  A  L  E  T  C  B  B  B
B  D  E  K  J  L  J  H  E  T  E  T  R  N
A  A  L  T  R  K  E  L  L  Y  B  I  O  Y
B  C  O  S  2  R  P  A  H  2  A  L  I  O
Y  U  J  F  S  L  A  L  G  N  D  R  K  T
M  B  G  E  C  U  W  Y  L  S  U  A  F  S
K  D  L  S  O  X  N  S  Q  X  L  H  2  F
L  F  K  T  T  W  F  S  N  C  Y  C  K  I
L  H  C  H  T  K  A  A  I  V  R  K  T  T
E  R  I  P  E  N  N  Y  V  M  A  R  I  D
I  H  R  K  W  A  H  R  O  L  M  F  E  2
N  H  R  A  J  R  U  W  C  K  B  O  L  C
A  E  D  B  A  R  B  S  8  7  F  N  N  O
D  H  R  T  Y  N  O  T  J  D  D  G  O  S
```

ALYSSA	JAN59
BARBS87	JOLENE
BETHNE	JONSJEP
BRENDAC	KELLYB
BRIANL	LEAG
CHARLIT	MYBABE1
DANIELL	OZZIE
DAWNAS	PENNYV
DAWN3	SIMMONS
DJTONY	TIFSTOY
DRRICK	2SCOTTE
HERSELF	

21. O'boy big Tags

```
Y  N  R  F  H  N  U  Y  Y  I  T  A  N  G  B
T  S  3  L  V  E  M  H  R  E  3  N  I  O  S
2  D  T  O  4  R  S  S  M  E  E  V  9  T  5
B  N  S  G  K  A  F  R  H  P  D  N  E  A  O
C  Z  2  S  R  S  U  3  P  R  2  R  4  G  3
G  T  M  T  E  O  N  A  M  U  E  Z  O  O  N
S  R  N  L  F  Z  H  W  S  O  H  D  T  Z  U
K  E  I  3  9  V  O  A  T  Y  O  3  N  S  T
D  V  N  D  T  5  R  P  L  A  Y  Z  U  R  G
T  D  2  O  4  M  A  T  4  S  D  O  G  5  U
3  A  O  E  Y  2  O  Y  R  R  W  2  T  N  H
V  F  J  V  L  K  N  U  K  E  D  9  E  M  B
K  2  T  4  N  I  L  E  O  J  A  Z  E  R  J
L  N  S  D  O  3  Y  I  4  N  2  W  L  T  N
T  3  U  F  T  E  M  O  S  T  A  H  G  O  P
D  O  J  U  S  A  N  U  P  H  E  N  4  M  2
```

ADVERTZ	ONLY4T
BNGZOOM	PLAYZUR
DATWNS	POZESSD
DRKEYES	REDROZ
GOTAGO2	SHREDN
HAPPENN	SILKYONE
JERSAY	STEREO
JUSJO	TRASHY
LTSGOLF	USARMYVT
MOTRMN	USNA9T5
MRKSMRK	3FOURME
NANOU	4GLEE
NT2WRRY	

22. Tags U say

```
K  N  I  L  P  U  O  G  H  P  H  2  8  C  L
F  R  N  B  T  1  4  N  F  C  2  L  G  1  A
1  M  2  8  A  E  2  T  X  O  B  Y  O  T  B
2  I  B  4  C  M  R  3  S  1  2  3  1  R  F
C  G  R  F  2  O  B  8  M  A  C  8  E  B  O
N  H  N  3  P  W  4  I  2  I  F  V  O  3  G
T  T  2  P  B  T  M  N  N  R  M  2  O  M  N
P  Y  S  8  L  P  8  B  I  O  I  I  T  O  I
A  E  K  O  D  U  2  S  M  H  4  8  N  E  V
C  N  I  3  T  R  V  C  8  O  S  E  A  1  Q
E  O  A  O  D  N  E  2  V  D  B  N  C  D  R
1  B  O  Z  B  U  B  A  R  A  A  B  U  3  L
2  T  3  2  U  L  S  3  D  O  E  4  2  S  F
S  E  K  B  8  S  2  A  B  O  W  R  8  1  T
R  O  F  T  3  1  O  D  4  2  N  F  Z  L  S
```

BAMBINO	ROVING
BMW242	REVMOM
BRN2SKI	SUNSHIN
CAPTNC	TBONE
FTROPPS	TOOTS
IH82BL8	TOYBOX
LUV2ROW	UCANTOO
L84AD8	UPLINK
NONEBAD	UPTWOMW
MIGHTY	123MIMI
OK2BNVS	2FAST4U
OSUZANA	3DUSA
READON	

23. FUN 4 ALL

```
B  A  O  H  9  J  E  N  E  9  D  H  J  S  T
T  Y  9  E  U  G  O  S  O  C  A  N  U  C  I
S  2  D  S  E  I  A  B  G  9  H  M  S  Y  B
O  8  T  L  H  D  M  D  E  U  D  8  F  O  9
L  A  S  S  T  U  O  H  N  A  R  4  U  B  D
M  4  A  S  F  L  T  L  Y  G  C  9  N  Y  2
I  F  O  F  R  4  E  H  O  2  H  H  N  O  4
9  D  I  8  2  E  Z  B  A  S  8  A  O  J  M
T  N  G  R  D  E  N  4  A  T  9  D  O  I  E
S  S  B  9  E  H  C  I  2  M  S  E  R  N  I
C  8  O  M  A  F  L  E  N  A  I  O  9  2  Z
9  H  A  L  8  B  O  H  U  S  M  J  K  4  T
F  I  V  R  O  4  U  X  E  A  F  G  9  A  U
S  U  G  T  I  S  D  F  N  I  T  V  8  E  N
B  R  E  F  H  N  9  R  P  H  B  A  N  T  G
```

AVGJOE	NINERS
BEACHO	NOAHGNDA
BELTLDY	NUTZIE
CLOUD9	OGR8SCT
FASHION	OSOCANU
FIREFOX	SAILBOT
HIASAMT	SIAMEEZ
IMLOST	SOLODEE
JOYBOY	SOLOST
JUSFUNN	SUMDAY
JUSTAM	TEA42
MIROMAN	THATSOK
MUFFINS	

24. TAGDOCTOR

```
T  I  U  R  W  Y  S  D  I  C  H  E  1  H  B
J  N  S  I  P  B  R  K  D  R  J  2  S  F  O
O  9  R  P  2  S  A  W  B  P  I  G  P  E  N
B  D  I  V  M  1  2  4  G  N  I  S  2  V  L
E  H  4  U  R  O  9  R  O  C  Y  1  H  I  U
X  J  R  T  O  R  U  C  W  I  A  H  4  M  F
K  F  V  O  2  4  I  M  T  P  L  T  O  Y  E
A  R  E  D  R  O  S  E  4  9  O  M  C  P  J
R  4  Y  E  1  B  A  4  Z  C  A  Y  A  I  K
T  N  A  O  O  4  X  F  2  T  W  9  H  N  T
I  L  I  O  T  O  2  U  O  H  X  A  W  2  O
A  2  Z  W  B  O  4  N  T  4  V  E  Y  O  T
F  E  O  K  A  M  9  H  R  E  N  T  R  A  P
R  C  L  V  I  R  O  Y  1  J  9  P  M  U  H
T  B  D  H  B  T  U  2  M  Y  T  B  O  S  P
```

BLKBOX	OILMAN
BNYHOP	PARTNER
BOOZER	PIGPEN
CME4FUN	PUREXTZ
DRSMURF	PWR2SPR
DW2OOO	REDROSE
IHAVE12	RU4REAL
IM4U2C	TEA4TWO
IRISHME	TICTAC
IRRVRNT	URAWINR
LV2SING	WHTHOT
MY9OTOY	XHIPPY
NOTAMOM	

25. TAGHOBBIES

```
C  D  N  K  H  C  N  U  M  B  F  H  Y  E  4
E  R  A  4  E  J  2  G  B  4  A  X  A  D  K
N  M  O  M  S  T  X  E  A  O  S  Z  O  N  E
I  O  S  U  B  Y  B  A  B  S  A  R  M  T  O
S  M  4  K  H  O  L  X  4  M  I  T  T  4  R
I  E  H  M  X  A  T  Q  T  T  2  I  R  X  C
U  P  2  N  E  R  P  K  E  H  4  L  A  A  F
R  R  J  L  A  W  O  X  K  G  H  V  L  2  T
C  U  C  H  4  R  S  A  N  M  O  2  P  F  O
4  N  P  B  D  O  T  I  P  N  R  F  4  L  N
U  G  Q  E  S  A  K  E  K  S  S  L  S  Y  O
S  M  R  4  C  W  V  X  4  T  I  Y  U  T  M
V  A  R  A  T  I  2  M  X  C  N  O  J  Y  I
R  D  M  E  F  U  G  N  T  S  R  E  H  P  L
```

BABYBUS	LIMONOT
BOATRAT	MUNCHKN
CRUSIN	OSZONE
DAMBOT	REDROKT
DORITE	RUNGMAD
DRMOM	WKING4IT
FIVEPM	UNCLEAL
GMNSTCS	XTRAHP
HERSTNG	2FLYTY
ILV2FLY	4HORSIN
JUS4PLA	4MEWSIK
MACATAK	4OSMTHG
MOMSTXE	

26. HOT STUFF

```
N E P M U Y E H A W A L I A S
A K R C G D Z B D S 8 P D A W
F O I E A T R T E P A E M F Y
Y B N Z A L B M U H P Z L A H
G O O 2 D 4 A R M O W O D L E
2 I E D 2 M E I L M E 2 R 4 G
V S Y 4 I N S E N 4 Y V L T O
T I E A R I V 1 T P 4 2 W S H
O D Q G L N 4 G H R L A O 2 E
1 4 T O V E D L V B U X T 4 Y
X B P N F E A W M 4 F S Y L V
V A A I A D T P S A 4 T N O E
N 4 L D I M O S N V U O W U R
T D 4 C 4 O C E X 4 1 L 2 H N
G S O T P 4 R A S Y B 4 P T V
O P W A X Y 2 I M E S A H P O
```

AMZWMN	NOEYEQ
BLAZNBY	NVELOPE
GDLIFE	NYTOWL
HEYUMP	POOPMBL
HEYVERN	PURENRG
HPY2DAY	SEABRZE
IEATRT	SAILAWA
IMAMES	SOXFAN
IMHAPI	TRUSNUN
INEEDMO	1BAD442
LADICOP	4DISIO
MACMAN	NAPOLIS
MY1ONLY	

27. MAXIMUM SMART

```
C  9  E  F  U  N  9  A  2  O  T  V  K  S  T
O  G  9  4  G  J  L  9  K  R  A  4  8  J  A
D  E  N  T  2  B  N  B  T  8  R  E  Y  L  B
C  9  E  A  H  A  A  K  V  N  P  B  A  9  G
S  A  9  W  M  B  I  D  4  U  E  D  9  F  S
I  4  D  O  E  X  8  G  E  H  L  G  I  O  C
D  R  W  2  F  E  A  L  O  S  8  H  A  H  T
U  A  8  I  F  S  K  T  O  B  K  R  C  A  S
L  4  X  G  T  U  I  S  C  G  I  U  L  U  N
B  X  M  R  B  Z  N  Y  U  N  E  K  B  4  M
2  O  8  S  U  T  C  E  G  L  2  L  D  G  G
D  U  O  D  W  L  R  U  S  M  E  I  S  8  B
P  F  Z  H  S  A  V  8  E  T  S  J  9  I  P
H  E  N  T  A  8  2  V  K  I  F  2  U  9  X
L  2  P  H  D  W  M  P  O  S  J  K  Q  R  T
```

AGENT99	OKBABE
BCYCLST	RUJELUS
BGBUKS	SKEEWEE
BUKLEUP	SOARING
DISCDOC	STR8UP
EZDUZIT	SK8R
FUNESTF	TALK2ME
GMNSTCS	TAXMAN
ISLEGO	RDWHBL
JYBEHO	WAHOO
KIXFIXX	2AWSM4U
LAWOMAN	4DISIO
MUCHLUV	

28. TAG TURVY

```
P  C  A  G  2  C  F  D  Y  4  T  O  2  Y  S
2  H  L  4  S  M  R  D  C  O  1  5  T  4  J
S  1  O  V  C  E  H  H  A  Y  T  K  O  U  X
N  5  2  T  H  T  O  O  2  L  4  S  S  2  F
T  O  E  T  O  K  5  L  4  1  F  F  D  T  5
4  A  N  R  L  G  O  V  Y  X  I  Y  K  E  O
M  O  A  I  4  2  R  M  O  N  4  N  N  Q  B
B  P  T  E  C  1  J  O  E  A  O  Y  O  U  A
T  4  1  N  X  E  5  U  M  X  1  5  V  X  S
U  F  2  O  T  Y  S  Z  S  D  B  1  4  H  T
N  1  I  Z  X  4  I  M  N  4  A  O  A  I  C
A  L  4  L  Z  R  U  F  O  O  D  R  D  P  4
K  B  G  N  A  5  G  2  5  C  P  A  4  P  U
O  X  2  C  4  E  Y  A  N  G  U  1  Z  Y  4
Y  4  N  A  L  D  S  B  T  V  P  M  D  F  G
```

BEDSTOY
CARIZMA
CHOKLIT
CHVY4X4
CNLZONE
FMCTEAM
FTKNOX
GLXY500
JUS4DAZ
JUSFINE
LEGEND1
MY14KT
NT4U2NV

ONICE
ONTHERD
PAROTHD
PHOTOGR
SEALIFT
SHARPGT
SMOCUM
SUNYFLA
XHIPPY
1BADPUP
2LO2CN2
YOKANUT

1a. TRAVELIN MAN

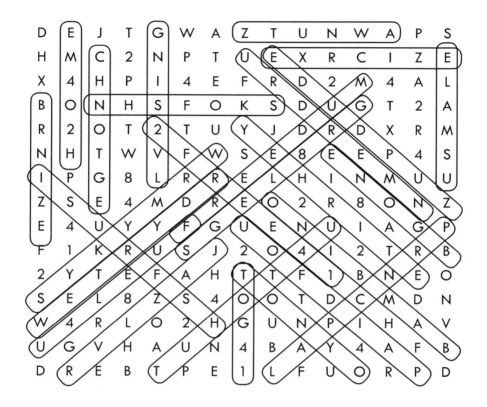

2a. SNOOZE U LOSE

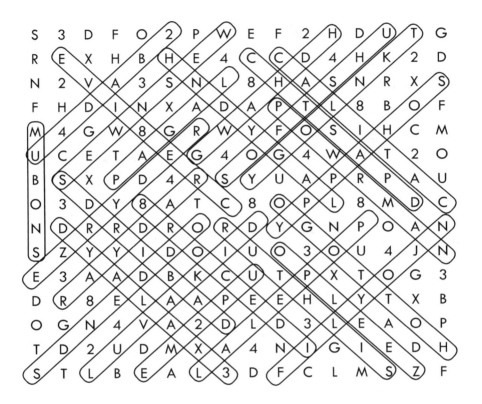

3a. FAST TAG, SLOW TAG

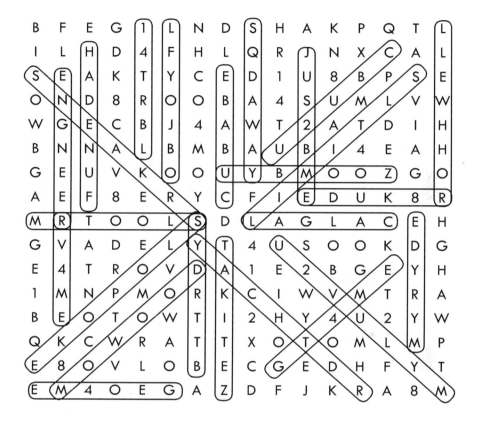

4a. AQUANUT

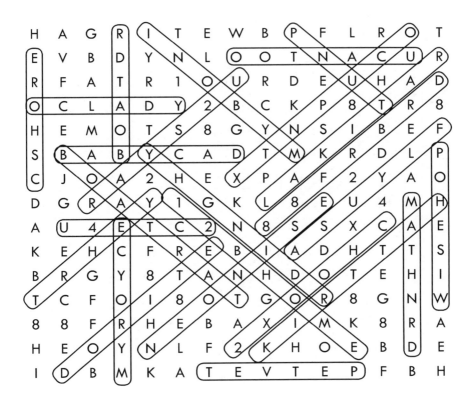

5a. TALKINTAGS

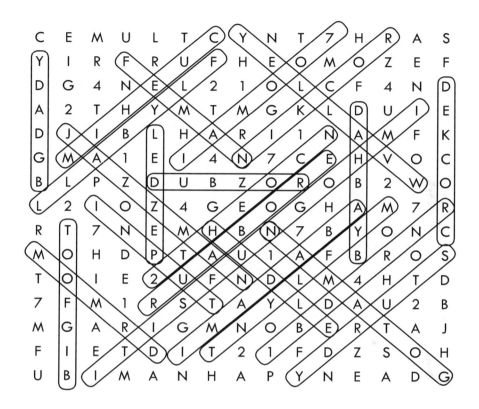

6a. LOOKING AND SEEING

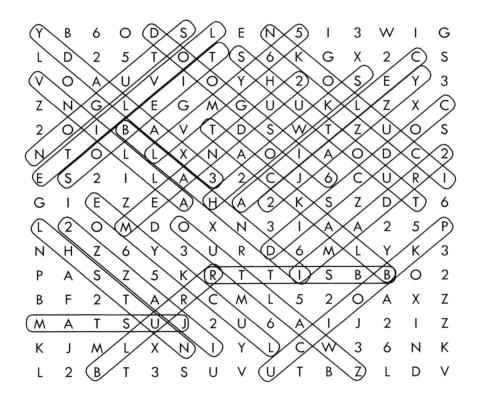

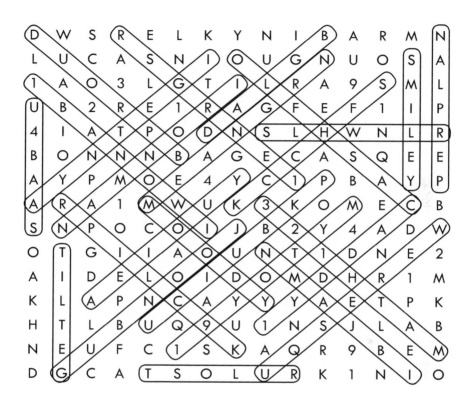

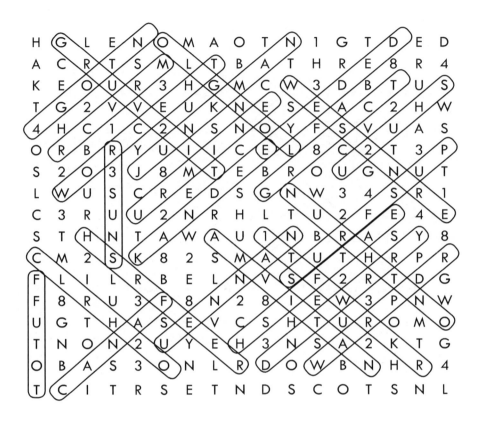

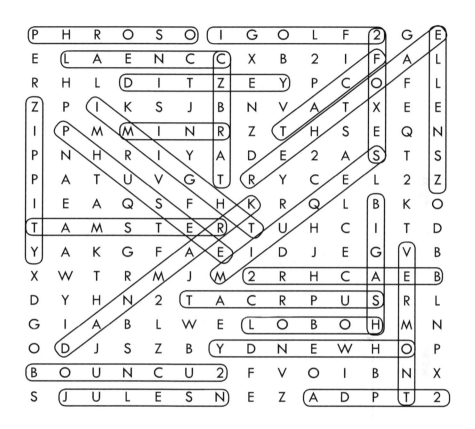

10a.

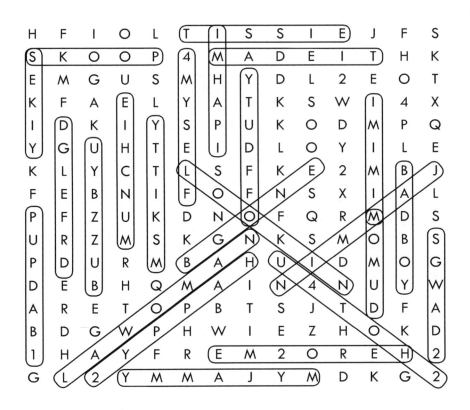

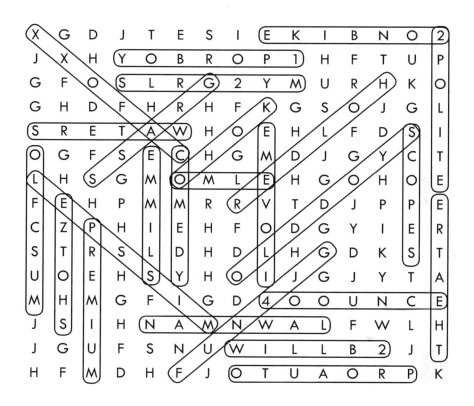

12a.

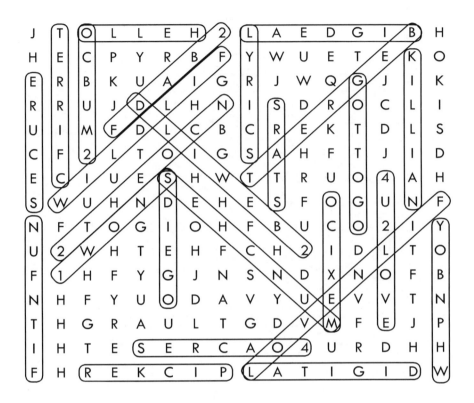

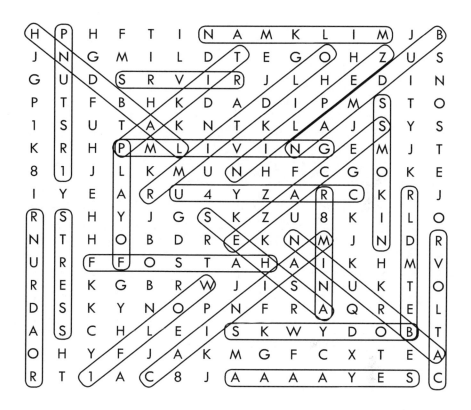

14a.

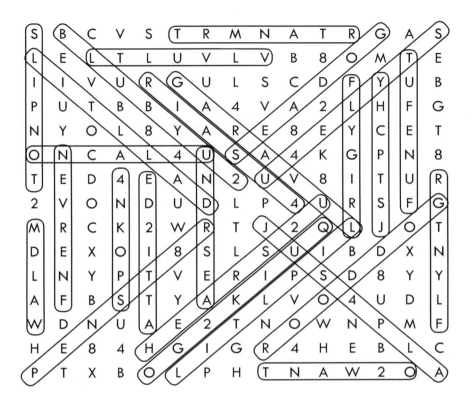

15a.

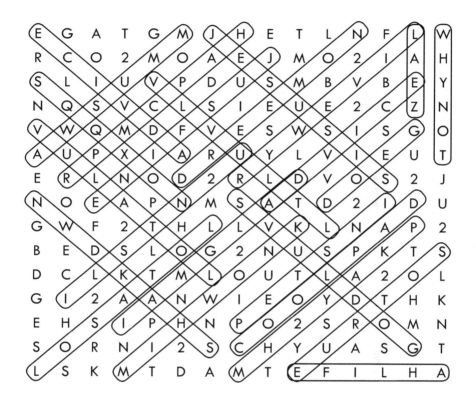

16a.

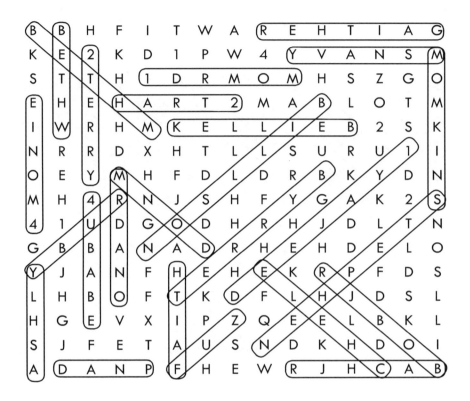

```
E  X  H  F  S  H  A  R  P  N  A  M  E  K  I  B
B  F  R  L  1  T  U  P  N  I  G  R  J  G  V  S
L  H  G  A  F  J  L  U  D  N  1  T  U  F  O  K
C  J  T  S  J  D  P  L  E  F  I  S  C  L  C
G  7  J  H  T  L  S  P  Y  G  R  F  E  C  A  L  I
U  N  7  2  G  E  1  Y  1  S  J  S  C  B  Z  T  S
1  F  H  W  4  S  T  1  S  H  O  E  P  N  U  S
P  L  J  E  F  M  U  S  L  A  D  E  P  N  J  4
R  O  X  F  Z  U  F  O  L  R  E  S  S  E  R  D
I  D  O  S  W  J  L  I  E  T  R  Y  T  U  E
C  F  B  D  J  C  O  G  E  S  7  V  R  W  P  U
E  R  2  J  L  W  B  U  R  O  G  D  N  T  4  I
J  G  E  7  N  E  H  P  D  L  P  O  O  B  T  B
L  T  S  P  U  I  S  H  F  V  Y  R  M  L  2  A
H  A  U  O  L  D  H  I  L  E  U  I  H  E  W  O
```

18a.

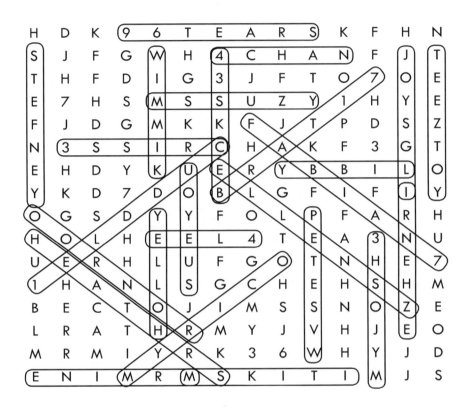

19a.

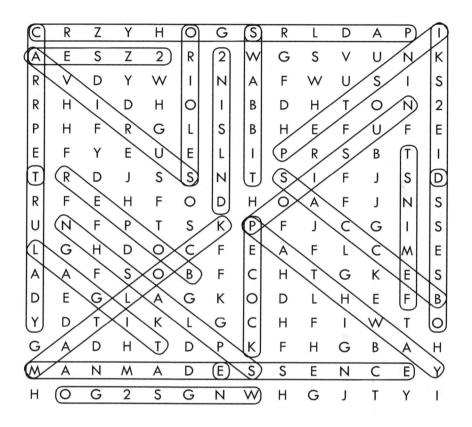

C R Z Y H O G S R L D A P I
A E S Z 2 R 2 W G S V U N K
R V D Y W I N A F W U S I S
R H I D H O I B D H T O N 2
P H F R G L S B H E F U F E
E F Y E U E N I P R S B T I
T R D J S S D T S I F J S D
R F E H F O   H O A F J N S
U N F P T S K P F J C G I E
L G H D O C F E A F L C M S
A A F S O B F C H T G K E S
D E G L A G K O D L H E F B
Y D T I K L G C H F I W T O
G A D H T D P K F H G B A H
M A N M A D E S S E N C E Y
H O 2 S G N W H G J T Y I

49

20a.

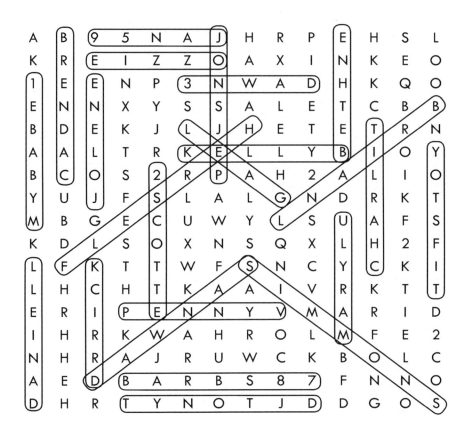

21a.

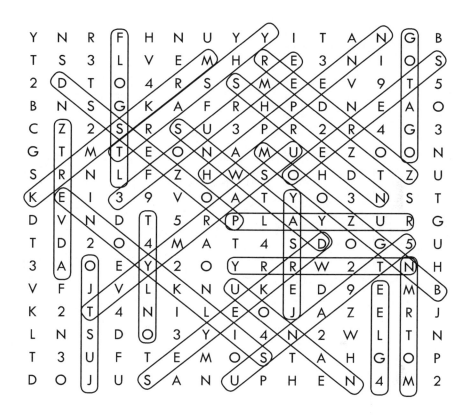

Y N R F H N U Y Y I T A N G B
T S 3 L V E M H R E 3 N I O S
2 D T O 4 R S S M E E V 9 T 5
B N S G K A F R H P D N E A O
C Z 2 S R S U 3 P R 2 R 4 G 3
G T M T E O N A M U E Z O O N
S R N L F Z H W S O H D T Z U
K E I 3 9 V O A T Y O 3 N S T
D V N D T 5 R P L A Y Z U R G
T D 2 O 4 M A T 4 S D O G 5 U
3 A O E Y 2 O Y R R W 2 T N H
V F J V L K N U K E D 9 E M B
K 2 T 4 N I L E O J A Z E R J
L N S D O 3 Y Y I 4 N 2 W L T N
T 3 U F T E M O S T A H G O P
D O J U S A N U P H E N 4 M 2

22a.

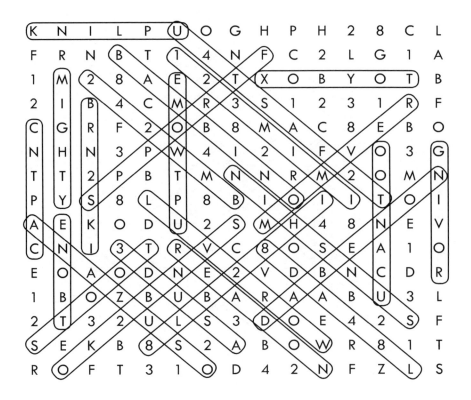

23a. FUN 4 ALL

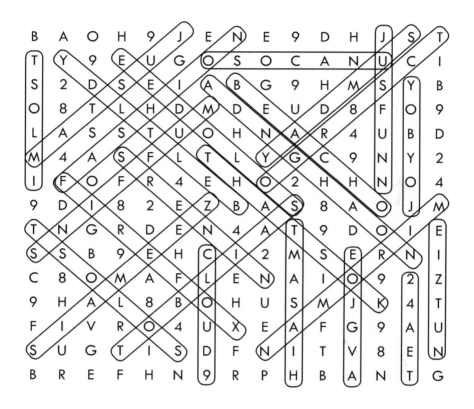

24a. TAGDOCTOR

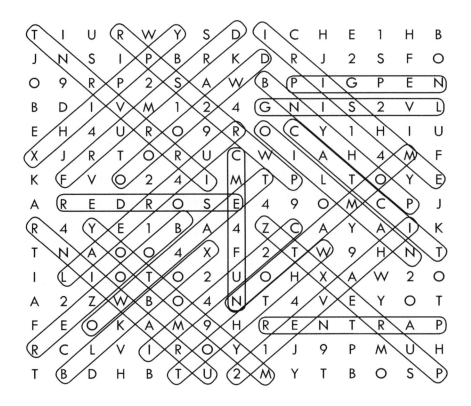

25a. TAGHOBBIES

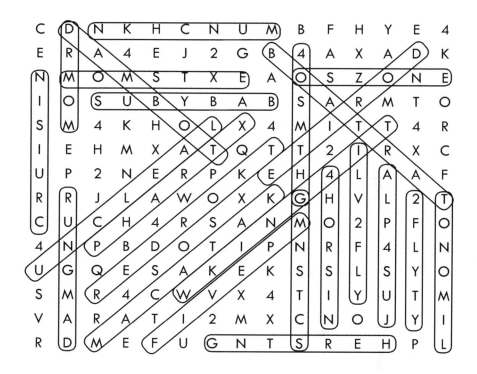

26a. HOT STUFF

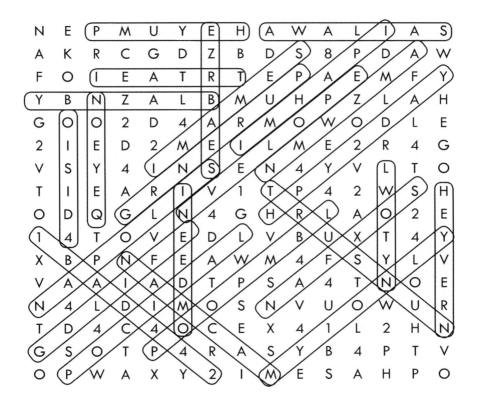

27a. MAXIMUM SMART

28a. TAG TURVY

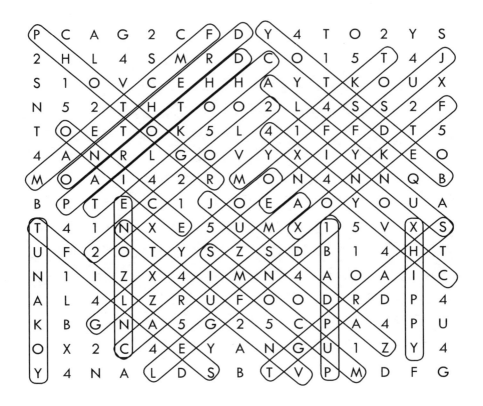

1d. TRAVELIN MAN

AWMUTX—aw nuts 'sigh'
BAMBINO—as read 'Spanish for baby'
BGONE—be gone
BRNIZE—brown eyes
CHNOTG E—Chincoteage, Va.
EXRCIZE—exercise
FREDUM—freedom
FUEL4U—fuel for you
GR8LEGS—great legs
H2O4ME—water for me
I4GOT—I forgot
ISURFSH—I surf fish
JAZLVR—jazz lover
LV2SING—love to sing
OYNOT—oh why not
PIADFOU—paid for
PRNCPAL—principal
SKOFSHN—'slang' lets go fishing
TUHOT4U—too hot for you
URDREMN—you are dreaming
USMALE—U.S. Mail
WETRYDR—wet rider
WRMYKYS—where're my keys
YEHRITE—yeah right
ZUPDUDE—'slang' what's up dude
2FREE41—too free for one

2d. SNOOZE U LOSE

CATILAC—Cadillac
CRE8IVE—creative
DABIRDS—'the birds' cheer for Orioles
DPASTHC—deep as the sea
EZRYDER—easy rider
HDHAWG—Harley Davidson hog 'big motorcycle'
HNDYGAL—handy gal
HOTTOGO—hot to go
IDECOR8—I decorate
LALEPOP—lollipop
LUVAKID—love a kid
NJOYLIF—enjoy life
ODDENDS—odds & ends
OPLEEZ—Oh please
PAGAL—Pennsylvania gal
POWRMAN—power man
RAYDAR—radar
RUTHLIS—ruthless
SEWNSEW—so and so
SNOBUM—snow bum
SOHAPPY—so happy
TKNLOGY—technology
UP2ME—up to me
2BAD4U—too bad for you
3XALAYD—three times a lady
SOFTSHU—soft shoe

3d. FAST TAG, SLOW TAG

BTTRDY—better days
CALGAL—California girl
CLU2U—clue to you
CUBABE—see you babe
EDUK8R—educator
ENGNEER—engineer
GEO4ME—Geo 'car' for
HADENUF—had enough
JUS2BME—just to be me
LIMITLS—limit less
MOWOOD—'slang' more wood
MR TOOLS—Mr. tools
MYLUV2U—my love to you
MYRYDE—my ride
OBJOYFL—oh be joyful
OHHWELL—oh well
RV4ME—recreation vehicle for me
SLOPOKE—slow poke
SNEAKRS—slow poke
SQDAWAY—squared away
TAKITEZ—take it easy
YACHTDR—yacht doctor
ZOOMBYU—zoom by you
14TRBL—one for trouble

4d. AQUANUT

BABYCAD—Baby Cadillac
BOATDR—boat doctor
BOATRAT—'slang' boat person
CHOOX2 —'choo choo' a train sound
CSHORE —seashore
DORITE —do right
FLYUSA —fly USA 'airlines
HATTRIX —hat tricks
MATHNRD —math nerd
MYBONI —my bonnie (Lies over the ocean)
MYROYCE —My (Rolls) Royce
NEONISE—neon business sign
OCLADY—Ocean City Lady
OCUPNTX—occupant X
PETVET—pet veterinarian
PNUT—peanut
RAYS2U—'sun' rays to you
RDINGHY—riding high
RATIKAL—radical
UCANTOO—you can 'do it' also
WISEHOP—'slang' good move
YEHRT—yeah right
12BHOME—want to be home
2CTE4U—too cute for you
88FRBRD—1988 Fire bird

5d. TALKINTAGS

BGDADY—big daddy

BIGFOOT—bigfoot

CROCKED—crocked

CUEHIM—cue him 'signal' him

DAHBAYB—'slang' the baby

DRMOM—doctor mom

FEMAN—iron man 'element' symbol

FLYBALL—fly ball

GOTAMAN—got a man!?

HUDLE—huddle (football)

IAMOO7—I am 007

IMADABA—I'm Adaba (a name)

IMHOGN—I'm hogin' (cheering Redskins)

INPUT—input (sharing thoughts)

ITISFUN—it is fun

JAZZMAN—jazz man

LEDZEP= Led Zeppelin

MYFLYNT—my flyin' tee (top car)

ROCKIN—rockin (roll)

ROZBUD—rose bud

RUABORE—are you a bore

STURDY—sturdy

YELLAVW—yellow vw

1BD4RNR—one bad four runner

2THEOCN—to the ocean

6d. LOOKING AND SEEING

BBSITTR—baby sitter

BLAHNDI—blondie

BLAKCAT—black cat

BLURRR—blurrr

CELTICA—celtic (club fan)

DISCDOC—disc doctor

H2OWKS—water works

ICULOKN—I see u looking

IJAZZ2—I jazz too

ILVMY65—I love my '65

IMADR2—I'm a doctor too

JUSTAM—I just am

LOVLITE—love light

LUCKYME—lucky me

MEANDU2—me and you too

NOGUTS—no guts

NUTSHL—nut shell

OUTLAWZ—out laws

PKBOICU—peekaboo I see you

SHUTOUT—shut out

SOBEIT—so be it

VNILLA—vanilla

2JAZZY—too jazzy

3XALADY—three times a lady

6ISGOOD—six is good

1d. Tagin' & Bragin'

8d. Say so on Tags

AEIOUY—English alphabet vowels

BGLAD—Be glad

BPROUD—Be proud

CADDY1—caddy one

CASHFLO—cash flow

GETLIT—Get lit (lighting Co.)

IBJAMN—I be jammin'

IGETNYA—I gettin' you

IRONMAN—Iron man

IWONAB1—I want to be one

JOONBUG—June bug

KCCHFS—Kansas City Chiefs

K9CLIPR—K9 clipper (dog)

MATH123—math 123

MEANGRN—mean green

MOODY—moody

MYTOY91—my toy 91

PERPLAN—per plan

PKBUICU—peak a boo I see you

RLNWHLS—rolling wheels

RULOST—are you lost

SAAB4U—Saab for you

SMILEY—Smiley

WERESQU—We rescue you

1ENRGSR—one energy senior

CLRH2O—clear water

DEDEYE—dead eye

DNTWRRY—don't worry

EATFISH—eat fish

FANAC—fantasy

GRUV2IT—groove to it

GR8SCT—great scott!

JUNKMAN—junk man

KANDEE—candy

LONGLO—low and glow

LRN2SEW—learn to sew

MRVCR—Mr. VCR

NANNEU—Nan neu

NATIVMA—native Massachusetts

ONTHERUN—on the run

REEFRSH—refresh

R3SUNS—our three sons

SHU2U—shoo to you

SURFSUP—surfs up

THECROW—the crow

TOTUFF—too tough

URMINE—you are mine

WARPDR—warp drive

1TFWRKR—one tough worker

4GOTN—forgotten

9d. Tag you're it

ADPT2—adapt too
BEACHR2—beacher too
BIGASH—Big Ashley
BOUNCU2—bounce you too
CCNEAL—C.C. Neal
CZBRAT—CZ Brat (model car)
DANMARK—Dan & Mark
DITZEY—dizzy
EAOTHER—each other
ELLENSZ—Ellens Z (model car)
FCAT—fat cat
HOBOL—slang term
IGOLF2—I golf too
JULESN—Jules N.
OHWENDY—Oh Wendy
PHROSO—nick name
PHUSEE—nick name
RNIM—registered nurse I am
SUPRCAT—super cat
TAMSTER—Tammy's nick name
VERMONT—Vermont
2FOXES—two foxes
IMIGHT—I might

10d. Up tag on tag

BADBOY—bad boy
BGONE—be gone
BUZZBYU—buzz by you
DRFEELGOOD—Dr. Feel Good
HAPPY2—happy too
HERO2ME—hero to me
IMHAPI—I am happy
JAMMIN—jamming
LAWOMAN—L.A. Woman
LOOKIN—looking
MADEIT—made it
MIMIMI—Mi-mi-mi
MOMUD—more mud
MSKITTY—Ms. Kitty
MUNCHIE—munchie
MYJAMMY—my jammy
OFFDUTY—off duty
SHEWOLF—she wolf
SKOOP—skoop
TISSIE—tissie
YIKES—yikes
1BADPUP—one bad pap
2DAWGS—two dogs
2HOT4U—two hot for you
4MYSELF—for myself

11d. Big Tag little Tag

CAFOXX—CA. Foxx
COMEDY—comedy
ELMO—Elmo (nickname)
FUN4JG—fun for J.G.
GRASS—grass
HOLDER—holder
ILOVEME—I love me
LAWNMAN—lawn man
MISSPEL—misspell
MUSCFLO—music flo
MY2GRLS—my two girls
OHOK—oh OK
OLDTOYS—old toys
PREMIUM—premium
PROAUTO—pro. auto
SCOPED—scopes
SHOTZE—Shotzie (nick name)
SLIMME—slim me
THEATRE—theatre
WATERS—waters
WILLB2—will be too
1PORBOY—one poor boy
2ONBIKE—two on bike
2POLITE—too polite
4OOUNCE—40 ounce

12d. Tag on high

BIGDEAL—big deal
BEGREAT—be great
DIGITAL—digital
FITNFUN—'be' fit and fun
GOTTOGO—got to go
HELLO—hello
KILLIAN— Killian
LOVENLIF—lovin' life
LYRICS—lyrics
MEXICO—Mexico
MUNCHES—munchies
OCBUM2—Ocean City Bum
PICKER—picker
SECURE—secure
SDIEGO—San Diego
SNOW1—snow one
STARS—stars
TERRIFC—terrific
WHPNBOY—whipin' boy
WILDLIF—wildlife
2BAD—too bad
2BEWILD—to be wild
2THEOCN—to the ocean
40ACRES—40 acres
4U2LOVE—for you to love

13d. Have Tag will Travel

ABRUIN—a Bruin (fan)
ANIM8R—animator
ASHES—ashes
BETMDLR—Bette Midler
BODYWKS—body works
BUDMAN—Bud Man
CRAZY4U—crazy for you
CATLOVR—cat lover
EZACES—easy aces
HATSOFF—hats off
HNDBAL—hand ball
JETSONS—Jetsons
PAKIT—pack it
PLAYOF—play off
PMLIVING—PM: living
PNUTSR1—peanuts are one
MAINIAC—maniac
MILKMAN—milkman
OLDTIMR—oldtimer
RIVRS—Rivers
ROADRUNR-road runner
SEYAAAA—see ya
SSMOKIN—ssmokin
STRESS—stress
WOLF1—wolf one
ZEPLIN—Zepillin

14d. Tag Magnum

ADVICE—advice
AHL—ahh life
AWSUMM—awe sum
COOLPAD—coolpad
DREEMON—dreaming
GEOD—G.O.D.
GODISLV—God is love
GODLUVS—God loves
HAPCMPR—happy camper
IAMG—I am glad
ILSTN2U—I listen to you
INSTEP—in step
JESUSIS—Jesus is!
JUSFINE—just fine
JUS2BME—just to be me
KNOWHIM—know him
LIVEWYR—live wire
LOTALUV—lotta love
LOTASOL—lot of soul
LTLUVLV—let Love live
NOXQQS—no excuses
PRAY2HM—pray to him
SHAKDWN—shake down
SOTRUE—so true
ZEAL—zeal

15d. Tag Thoughts

ATTI2DE—attitude
BLUBYU2—blew by you too
FLYGIRL—flygirl
FLYNTGR—flying tiger
HEARS2U—hears to you
JSTPCHY—just peachy
JUS4PLA—just for play
LITLLAD—little lad
LITLPIL—little pill
LTLUVLV—let love live
LUVARAG love a rag (convertible top)
MDLAW—Maryland Law
NEVRENF—never enough
ONCAL4U—on call for you
O2WANT—ohh to want
PENST8R—Penn. State (fan)
QUIK2GO—quick to go
ROODDOG—rude dog
SEADOG—sea dog
SLIPNOT—slip knot
STYLE4U—style for you (hair dresser)
TRMNATR—terminator
TUFENUF—tough enough
UNDRSEA—under sea (occupation; diver)
4USAIR—for U.S. Air (worker)
SPOKN4—spoken for

16d. Mouthful of Tags

ASHLY—Ashly
BACHJR—Bach Jr.
BETHM—Beth M.
BETHW—Beth W.
BILLSON—Billson (nick name)
BOBJR—Bob Jr.
CHELE—(nick name) Michele
DANM—Dan M.
DANP—Dan P.
DEEJAY1—disc jockey one 'slang'
FAITH—Faith
FUZ—fuzz
GAITHER—Gaither
HART2—hearty too
KELLIEB—Kelly B.
MOMKINS—mom kins
MRDANO—Mr. Dano
MSNAVY—Ms. Navy
RUBY—Ruby
STEPHEN—Stephen
TERRYB—Terry B.
1DRMOM—one Dr. Mom
2TERRY—to Terry
4MONIE—for money
4UBABE—for you baby

17d. Tangled Tags

BIKEMAN—bike man

BTBOOP—Betty Boop

CABINET—cabinet

COUNSEL—counsel (advice)

DOLPN7—Dolphin #7

FLASH2—flash II (second)

FSHARP—'F' sharp (music)

ILLEGAL—illegal

IMB4U—I am before you

INPUT—input

JUZ2LOV—just to love (slang)

MRTIES—Mr. Ties

NINERS—niners (San Fran. 49'ers)

OOZE—ooze

O2BNVT—Oh to be in Vermont

PUPPY1—puppy #one

RESOLVE—resolve

SHALLOW—shallow

SPICE—spice

TRYTUE—try Tuesday

POODLES—poodles

DRESSER—dresser

USE2BOX—used to box

XRAY—X-ray

1PRICE—one price

1TUFJOB—one tough job

4STICKS—four sticks

18d. Twisted Tags

BECKS34—Becks 34

BRAT17—Brat 17

CRIAA3—Criss 3

CUDDLE1—cuddle one

ELLENSZ—Ellen's Z

EZHENRI—easy Henry

FABIAN7—Fabian 7

HEATHERS—Heathers'

HOLLEY—Holly

JOYSGLI—Joys' GLI (model car)

KIMMIW—Kimmi W.

LIBBY—Libby

MRMINE—Mr. Mine

MSKITI—Ms. kitty

MSSUSY—Ms. Susie

MYJOSH3—my Josh 3

MYRICO—my Rico

PETESVW—Petes Vw

RONROO—Ron Roo (nick name)

STEFNEY—Stephany

SUEYOU—sue you

TEEZTOY—tease toy

4CHAN—for Chan

4LEE—for Lee

96TEARS—96 tears

19d. Tags O' plenty

AVIRUS—a virus
BECCAS—Beccas'
BOPER—boper
CARRPET—carpet
CRZYHOGS—crazy hogs
DIE2SKI—die to ski
ESSENCE—essence
FEMINST—feminist
INSTEP—in step
KIDFRSH—kid fresh
LAGIT—'slang' legitimate
MANMADE—man made
MATLOCK—Matlock
OBSESSD—obsessed
ORIOLE—Oriole
PADLERS—paddlers
PATHWAY—path way
PECOCK—peacock
POISUN—poison
SPLASHN—splashin'
SWABBIT—swab it
TRULADY—true lady
WNGS2GO—wings to go
2NISLND—to an island
2ZSEA—'slang' to the sea

20d. Tags & brags

ALYSSA—Alyssa
BARBS87—Barbs '87 (car)
BETHNE—Bethany
BRENDAC—Brenda C.
BRIANL—Brian L.
CHARLIT—Charlotte
DANIELL—Danielle
DAWNAS—Dawnas (car)
DAWN3—Dawn 3
DJTONY—D.J. Tony
DRRICK—Doctor Rick
HERSELF—herself
JAN59—Jan 59
JOLENE—Jolene
JONSJEP—Jons' jeep
KELLYB—Kelly B.
LEAG-Lea G.
MYBABE1—my babe 1
QZZIE—Qzzie
PENNYV—Penny V.
SIMMONS—Simmons
TIFSTOY—Tiffanys' toy
2SCOTTE—to Scotty

21d. O'boy big Tags

22d. Tags U say

ADVERTZ—advertise
BNGZOOM—bang zoom
DATWNS—the twins !
DRKEYES—dark eyes
GOTAGO2—got to go too
HAPPENN—happenin'
JERSAY—jersy 'slang'
JUSJO—just Jo
LTSGOLF—lets golf
MOTRMN—motor man
MRKSMRK—Marks' Mark
NANOU—Na nou
NT2WRRY—not to worry
ONLY4T—only 40
PLAYZUR—pleasure
POZESSD—possessed
REDROZ—red rose
SHREDN—shredin'
SILKYONE—silky one
STEREO—stereo
TRASHY—trashy
USARMYVT—U.S. Army Vermont
USNA9T5—U.S. Naval Academy '95
3FOURME—three for me (drinks)
4GLEE—for glee (happiness)

BAMBINO—Bambino (baby; in Spanish)
BMW242—BMW 242 (model of car)
BRN2SKI—born to ski
CAPTNC—Captain C.
FTROPPS—F tropps
IH82BL8—I hate to be late
LUV2ROW—love to row ('I')
L84AD8—late for a date (I'm)
NONEBAD—None bad
MIGHTY—mighty
OK2BNVS—O K to envious
OSUZANA—O'Suzana
READON—read on
ROVING—roving
REVMOM—Reverend mom
SUNSHIN—sunshine
TBONE—T-bone
TOOTS—toots
TOYBOX—toy box
UCANTOO—you can too (do it)
UPLINK—up link
UPTWOME—up to me
123MIMI—123 mi mi
2FAST4U—too fast for you
3DUSA—3 D U.S.A.

71

23d. FUN 4 ALL

AVGJOE—average Joe
BEACHO—'nickname' beacho
BELTLDY—beltway lady
CLOUD9—cloud nine
FASHION—fashion
FIREFOX—fire fox
HIASAMT—high as a mountain
IMLOST—I'm lost
JOYBOY—joy boy
JUSFUNN—just funnin'
JUSTAM—'I' just am
MIROMAN—mirror 'business' man
MUFFINS—muffins
NINERS—forty 'niners' fan
NOAHGNDA—no agenda
NUTZIE—nutsy
OGR8SCT—Oh great scott!
OSOCANU—oh so can you (do it)
SAILBOT—sail boat
SIAMEEZ—siamese
SOLODEE—solo Dee (by herself)
SOLOST—so lost
SUMDAY—some day
TEA42—tea for two (people)
THATSOK—that's ok

24d. TAGDOCTOR

BLKBOX—black box
BNYHOP—bunny hop
BOOZER—booser
CME4FUN—see me for fun
DRSMURF—doctor Smurf
DW2000—Initials the year 2000
IHAVE12—I have one too (model car)
IM4U2C—I am for you to see (model)
IRISHME—Irish me (person)
IRRVRNT—irreverant
LV2SING—love to sing
MY9OTOY—my 1990 toy
NOTAMOM—not a mom
OILMAN—oil man (delivery)
PARTNER—partner
PIGPEN—pigpen
PUREXTZ—pure ectacy
PWR2SPR—power to spare
REDROSE—red rose
RU4REAL—are you for real?
TEA4TWO—tea for two (people)
TICTAC—tic tac 'toe'
URAWINR—you are a winner
WHTHOT—white hot
XHIPPY—ex hippy

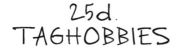
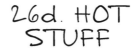
BABYBUS—baby bus

BOATRAT—'slang' boating person

CRUISIN—cruising

DAMBOT—damn boat

DORITE—do right

DRMOM—doctor mom

FIVEPM—five pm 'quitting time!

GMNSSTCS—gymnastics

HERSTNG—her mustang

ILV2FLY—I love to fly

JUS4PLA—just forplay

MACATAK—'big' mac attack

MOMSTXE—moms taxi

LIMONOT—limousine not

MUNCHKN—munchkin

OSZONE—oszone

REDROKT—redrocket

RUNGMAD—running mad

WKING4IT—working for it

UNCLEAL—Uncle Al

XTRAHP—extra horse power

4HORSIN—for horsing 'around'

4MEWSIK—for music

4OSMTHG—40 something

AMZWMN—amazing woman

BLAZNBY—blazing by

GDLIFE—good life

HEYUMP—hey umpire

HEYVERN—hey Vern

HPY2DAY—happy today

IEATRT—I eat right

IMAMES—I'm a mess

IMHAPI—I'm happy

INEEDMO—I need more

LADICOP—lady cop

MACMAN—'big' mac man

MY1ONLY—my one and only

NOEYEQ—no Intelligence Quotient

NVELOPE—envelope

NYTOWL—night owl

POOPMBL—pop mobile

PURENG—pure energy

SEABRZE—sea breeze

SAILAWA—sail away

SOXFAN—sox fan

TRUSNUN—trust none

1BAD442—one bad 442 'oldsmobile'

4DISIO—for this I owe

NAPOLIS—short for Annapolis, Maryland

27d. MAXIMUM SMART

AGENT99—Agent 99
BCYCLST—bicyclist
BGBUKS—big bucks
BUKLEUP—buckle up
DISCDOC—disc doctor 'jockey'
EZDUZIT—easy does it
FUNESTF—funny stuff
GMNSTCS—gymnastics
ISLEGO—I'll go
JYBEHO—jibe ho 'sailing cry'
KIXFIXX—Kixx fix 'band'
LAWOMAN—L.A woman
MUCHLUV—much love
OKBABE—OK baby
RUJELUS—are you jealous
SOARIMG—soaring
STR8UP—straight up
SK8R—skater
TALK2ME—talk to me
TAXMAN—tax man
RDWHBL—red, white, blue
WAHOO—wahoo 'cheering cry'
2AWSM4U—too awesome for you
4DISIO—for this I owe

28d. TAG TURVY

BEDSTOY—be Dee's toy
CARIZMA—charisma
CHOKLIT—chocolate
CHVY4X4—chevy 4x4
CNLZONE—canal zone
FMCTEAM—Ford Motor Co. Team
FTKNOX—Fort Knox
GLXY5OO—galaxy 500 'Ford'
JUS4DAZ—just for Daisy
JUSFINE—just fine
LEGEND1—legend one
MY14KT—my 14 carat
NT4U2NV—not for you envy
ONICE—on ice
ONTHERD—on the road
PAROTHD—parrot head
PHOTOGR—photgrapher
SEALIFT—sea lift 'boat ride'
SHARPGT—sharp GT 'car'
SMOCUM—smoke 'em 'tires
SUNYFLA—sunny Florida
XHIPPY—ex hippy
YOKANUT—family fun word
1BADPUP—one bad pick up
2LO2CN2—too low to see into

Printed in the United States
By Bookmasters